VOCÊ CONSEGUE DESENHAR O MESMO **DINOSSAURO** DO EXEMPLO AO LADO E DEPOIS PINTÁ-LO BEM BONITO?

PINTE OS DINOSSAUROS E LEVE-OS ATÉ SEUS RESPECTIVOS ALIMENTOS.

DESENHE MAIS **ELEMENTOS** PARA COMPOR O HÁBITAT DO DINOSSAURO.

SIGA O PASSO A PASSO INDICADO PARA **DESENHAR** O DINOSSAURO NOS QUADRADINHOS ABAIXO.

OBSERVE OS DINOSSAUROS ABAIXO E MARQUE CADA SOMBRA COM A LETRA DO ANIMAL CORRESPONDENTE.

RESPOSTA NA PÁGINA 26.

LIGUE OS PONTOS
E PINTE O DESENHO.

PINTE O DINOSSAURO E, DEPOIS, ENCONTRE A **SOMBRA** CORRETA DELE.

A
B
C
D
E
F

14

RESPOSTA: F.

DECIFRE ESTA IMAGEM **PINTANDO** O DESENHO DE ACORDO COM OS NÚMEROS INDICADOS NA LEGENDA.

1- LARANJA   2- VERDE   3- AMARELO

PINTE ESTE DESENHO COM **CORES** BEM BONITAS!

TRACE O CAMINHO
CORRETO E AJUDE O DINOSSAURO A ENCONTRAR SEUS OVOS PERDIDOS.

QUANTOS **DINOSSAUROS** VOCÊ VÊ? ESCREVA A QUANTIDADE NO CÍRCULO E PINTE TODOS ELES.

RESPOSTA: 8.

CIRCULE O ELEMENTO INTRUSO
E PINTE OS DESENHOS.

19

RESPOSTA NA PÁGINA 26.

TENTE COPIAR O DINOSSAURO NOS QUADRINHOS E, DEPOIS, PINTE O DESENHO.

ENCONTRE SEIS DIFERENÇAS ENTRE AS DUAS IMAGENS.

21

RESPOSTA NA PÁGINA 26.

ESCREVA NOS CÍRCULOS A **SEQUÊNCIA** CORRETA DOS QUADROS PARA COMPLETAR A IMAGEM DO DINOSSAURO.

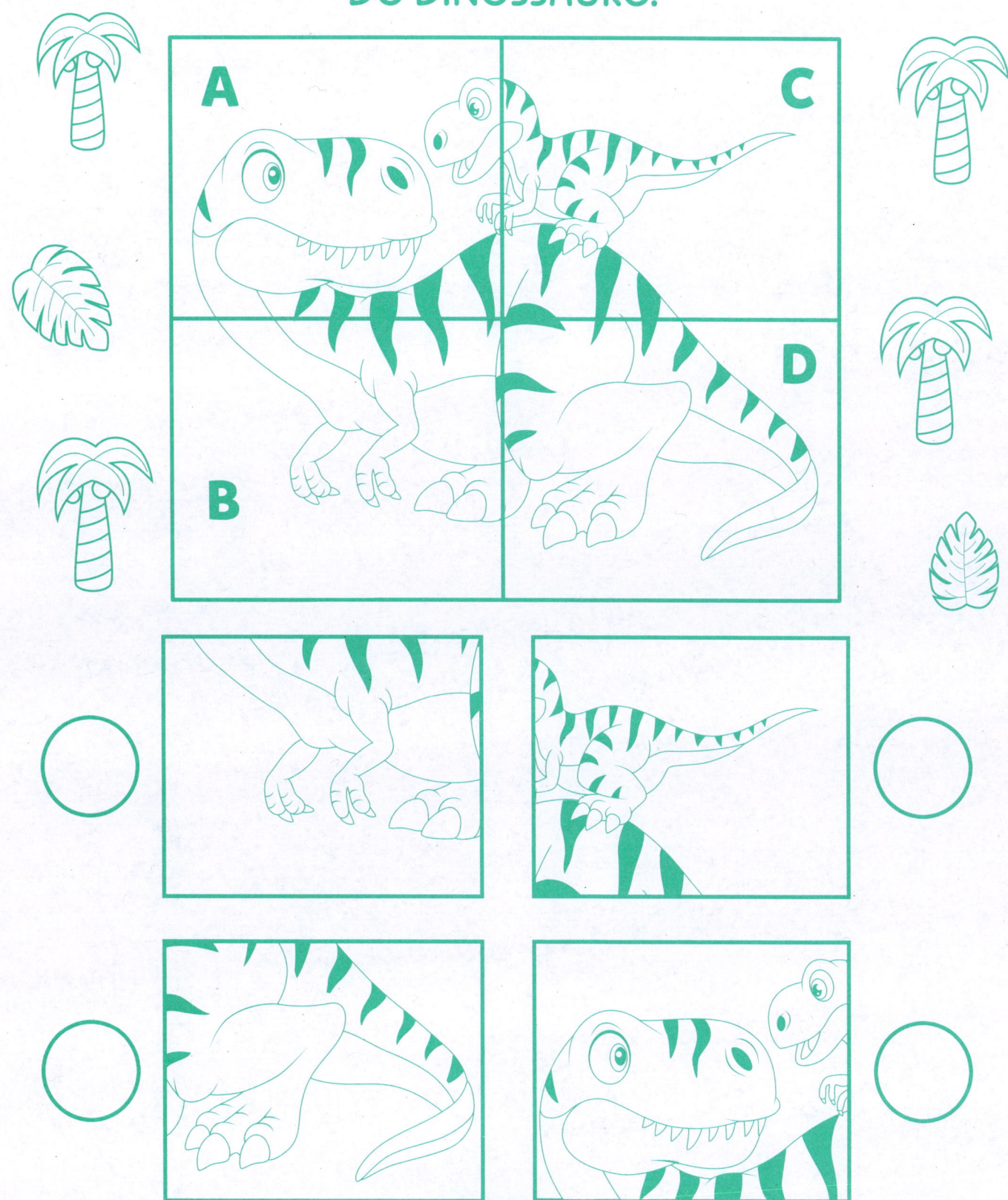

22

RESPOSTA NA PÁGINA 26.

AJUDE OS **DINOSSAUROS** A CHEGAR ATÉ SEUS RESPECTIVOS FILHOTES.

23

ENCONTRE CINCO **DIFERENÇAS** ENTRE AS DUAS IMAGENS.

24

RESPOSTA NA PÁGINA 26.

DESCUBRA QUAL É A **SOMBRA** QUE CORRESPONDE À IMAGEM DO DINOSSAURO AO LADO.

RESPOSTA: D.

RESPOSTAS

PÁGINA 8
PÁGINA 9
PÁGINA 10
PÁGINA 11
PÁGINA 17
PÁGINA 19
PÁGINA 21
PÁGINA 22
PÁGINA 24

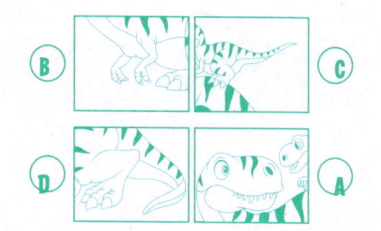